渺渺微诗

刘幼渺 著

文汇出版社

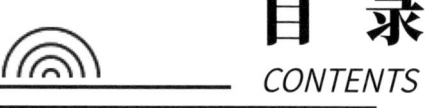

目 录
CONTENTS

序 / I

1987—1988 年 / 1
我沉默着 / 2   日 / 4   池塘 / 7   烛光灯 / 9

2011—2015 年 / 10
杜甫草堂 / 11   上海老码头 / 13   我的祝福 / 17
致我的小学同学 / 20   即兴 1/ 22   即兴 2/ 23
园林 / 24   致远方的女儿女婿 / 26
在裴多菲雕像前 / 28   枫叶 / 31   悼汪国真 / 33
沙漠 / 35   踏浪 / 36   石头 / 37   即兴 3/ 39
这片田 / 40   感谢秋天 / 45   今夜 / 51
树根与墙 / 55   雨中 / 57   新年,一首小诗 / 59

2016 年 / 61
18 时 44 分 07 秒冬至 / 62
八月某日,沈阳市的傍晚时分 / 63   不哭的孩子 / 64
成熟 / 65   垂柳 / 67   丰收前的稻田 / 68
归 / 70   火星 / 74   即兴 4/ 76   即兴 5/ 77

即兴 6/ 78　　即兴 7/ 79　　即兴 8/ 80　　即兴 9/ 82

即兴 10/ 83　　即兴 11/ 84　　今天下了一天的雨 / 85

空着的椅子 / 86　　这份心情真的久违 / 87

那片稻田 / 88　　那双眼睛 / 89

那天，云是忧郁的 / 90　　你的短发 / 92

盼大雪压境 / 93　　夜色里的涂鸦 / 95

雨夹雪 / 99　　雾 / 100　　祈祷 / 103　　长廊 / 104

一个女孩的远方 / 109　　我站在 / 113　　阴天 / 115

一条铁轨 / 116　　天堂鸟 / 117　　树上的云 / 125

又想起了海子 / 126　　湿漉漉 / 127　　四行诗 / 128

云之吻 / 130　　欧洲杯 / 133　　我怀念一种旧 / 134

老房子 / 136　　午后小憩 / 137　　又见枫叶 / 139

秋叶 / 141　　溪水中的枫叶 / 143　　银杏叶黄了 / 144

零点，在浦东国际机场 / 145　　晚归的路上 / 146

天变 / 147　　一张空椅子 / 148　　雨，不停地下 / 150

思归 1/ 151　　银杏树下 / 152　　雪 / 153

我想见证 / 156

2017 年 / 157

时间的诗 · 远方 / 158　　时间的诗 · 框 / 159

即兴 12/ 160　　时间的诗 · 脸 / 161　　即兴 13/ 162

时间的诗 · 眸 / 163　　飞起来 / 164

早春二月 / 167　　北方来信 / 168　　即兴 14/ 170

草原来信 / 171　　即兴 15/ 173　　即兴 16/ 174

烛光 / 175　　落日 · 思归 / 176　　伏天 / 180

思归 2/ 181　　晚归的云 / 182　　暮色 / 183

白 / 186　　秋分 / 188　　夏夜 / 189

心中的枫叶 / 195　　秋夜 / 199　　暮色·空椅 / 201

世界之外 / 204

2018 年 / 206

生日（57 岁）/ 207　　雪来过了 / 209

蓝色的夜晚 / 210　　黎明 / 211　　血月 / 212

火星上的落日 / 213　　过年 / 214

夜色中的小舟 / 216　　今天，一首小诗 / 217

祝福 / 218　　紫色的夜 / 219　　三月，我希望 / 221

今夜元宵 / 222　　三月，我要与春天约会 / 223

问海 / 225　　今天属于霍金 / 227　　早安 / 228

春天的早晨 / 229　　短 / 230　　春夜 / 231

深夜·无题 / 233　　即兴 17/ 234

今夜，我不想你 / 235　　清明 / 236

远山的呼唤 / 237　　醒 / 239　　赤 / 240　　隐 / 241

珂 / 242　　偶感 1/ 243　　偶感 2/ 244

倾城 1/ 245　　倾城 2/ 246　　倾城 3/ 247

总 / 248　　暗 1/ 249　　暗 2/ 250　　灯塔 / 252

夏至 1/ 253　　夏至 2/ 254　　夏至 3/ 256

落日 1/ 257　　落日 2/ 258　　在雨中 1/ 259

夏天的风 1/ 260　　薰衣草 / 262　　最后一天 / 263

弹孔之墙 / 264　　最后一片彩云 / 265　　立秋 / 266

对话 / 267

序

黄飞立

渺渺微诗者，小小诗也，作者自谦所作为小诗，恐亦暗合己名刘幼渺，此间意绪，就在有无微茫之中，正是诗的妙境。

"诗言志，歌咏言"，老生常谈，但却是"恒久远"的真理。书中所收作者一百多首现代诗，作于1987到2018年的三十余年间，完全是作者个人心志的展露和表达，靠了诗的方式，作者深邃的思考和微妙的情绪得以艺术化地呈现，从而在酣畅淋漓的倾泻后获得了生命力的舒张与人格意志的延展。非诗何能尔？

而纵观这三十余年作者的写作轨辙，亦能窥见不同时代文学风气的影响和诗歌艺术自身的嬗变痕迹。从早年间胡适提倡的白话诗，到稍晚的现代派；从表现主义诗歌，到后来的朦胧派……总能在这部诗集中找到，于此可见作者阅读的广博、大胆尝新的勇气和多变的风格。而在背后支撑这一切的，是作者隽永的诗思和灵机一动的诗趣。这尤其体现在以《即兴》为代表的一组短诗中，作者所长似乎亦在此；长诗相形之下略显逊色，因为作者有时将叙事、主题之类的任务赋予了它，但像《火星》这样的诗仍很精彩，完全可视作哲理诗，体现了作者思考的深度。

按照接受文学理论，一部文学作品的完成，即意味着它已不属于作者，每位读者，都参与了其文学意味和内涵的建构。"作者未必如此，读者不必不如此。"不管愿意与否，作者在创作时的心境和对自己作品的解释，未必也不可能与希望读者获得的相同，但这，恰恰是成为一部优秀文学作品所必需的，作者和读者的共同创造，才会让一部作品的内蕴更显丰厚。因此，我们在阅读幼渺先生的这些诗作时，感悟到的越丰富，就越会让这些诗篇熠熠生辉，而这想必也是诗人乐于看到的吧。

 **1987—1988 年**

我沉默着

我沉默着
为了酒杯里
淡淡的淡淡的绯红
不再流泻
流不出的泪
在一丝丝的旧梦里
抖落成一滴滴露珠
那电吉他的余音
已经破碎
洒落在干涸的池塘里
只有野鸭子在歌唱

我沉默着
为了红葡萄
日益成熟的丰满
蚂蚁们在低徊
远去的鸽子杳无音信
多少回碰壁的酸楚

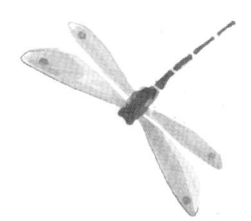

炽热的情感

在沉默和忍耐中熄灭

迷人的秋波

原来是河水中的涟漪

青蛙们的游戏

我沉默着

为了落空的希望

不在讥讽和冷漠中消亡

任焦灼的痴情

撕裂成一条条

一条条

额上的鱼纹

总有一天

杜鹃鸟将停止吵闹

思念的小夜曲

偷渡的小船

月光下蔷薇花正悄然开放

1987 年 3 月

日

你只是我清晨
抹在我脸上的珍珠霜
偷偷摸摸从我的阁楼里
扒去藏在棉被下的男性秘密
尽管我已习惯
却也常常不情愿地被你裸露在树枝上
男性的弱点
在一帮不理会羞耻的姑娘们的痴笑声中
张扬了出去

只是到了中午
我有些疲惫
昨晚的梦境又逼迫着我
重现一次被你扒去的秘密
我不敢仰视你
怕你会恶狠狠地灼伤我
我只能在你的斑斓里
默念着一颗星星的名字

温热的手心一团团雾气

升腾了

和着微风漫舞

少女的身影陷落你的迷宫

冻结的记忆在泉水的叮咚声中

舒展了

一对想象的翅膀妩媚地

搭在了你的肩上

编织着一个个

注定要碰壁的泡影

你的余晖

被一根根树枝撕裂得

支离破碎

在柏油路上捉迷藏

受了诱惑的少男少女们

大摇大摆地跳着迪斯科

沉重的公交车

性急的自行车

全在这拥挤的街上狂歌劲舞

你酥软地坍塌在

远处脚手架的篱笆内

黄昏的钟声在你的催促下

敲打着锅盖碗盆

敲开了电视播音员干巴巴的朱唇
希望有一桩爆炸性新闻
填一填阁楼里的空茫

1987 年 11 月 25 日

池塘

云就这么飘落下来
跌进了我的梦里
我的梦里是一片朦胧的月色
月光下有一棵很老的树
那是我爷爷
爷爷死了什么都没有
只留下这棵很老的树
原先有许多孩子
那时他们都还穿着开裆裤
常常扮着青蛙学着鸭子
游戏在池塘边
撕破了白云
咬碎了月亮
引来老爷爷一阵阵的吆喝
如今他们都是有胡子的大人了
却变得像这棵很老的树

远远一个男孩

渺渺微诗

向我掷来一块小石头

敲碎了我这寂静的梦

吓跑了白云

挤走了月亮

只有这棵很老的树

在轻轻地摇头

　　　　　　　　　　　　1988年2月

烛光灯

何必都要挑明

不如拖个长长的背影

给我一个惆怅的思念

但愿你悄悄地离去

不要惊醒了我的小猫咪

至于我

还要收拾桌上的盘子

然后重新点亮一支烛光灯

写一首关于忧郁的诗

1988年2月

 2011—2015 年

杜甫草堂

这里供奉的是一个虚拟的你

一个后人想象中的你的世界

草堂越修越整洁

你却离我们越来越远

眼前真实的是这位美丽的导游姑娘

她把我引领进你的生活

她把你的故事讲解得栩栩如生

让我着迷

着迷地仿佛感觉自己就是你

竟答应她冬季时再来

再来的时候还是这个有雾的早晨

依然跟着她一路慢走

依然听着她娓娓道来

依然看着她楚楚动人

沿着我们曾经走过的小路

慢慢地走进你的草屋

慢慢地一起收拾你的屋子

然后生一炉火

点上油灯
共写一首穿越时空的爱情小诗
让你点评

>   2011年9月19日

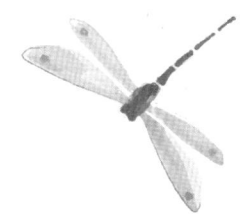

上海老码头

一

一个老字
把我们吸引到这里
还是那个码头　只是
没了破旧的货船
没了沉重的号子
没了忙碌的工人
有的是华丽的游船
骄傲地迎接着上船的游客
有的是各种牌号的小汽车
静静地恭候着它们的主人
有的是露天的酒吧
默默地侍候着它们的客人
一个老字
让我们驻足留恋
老旧的房子外

一位老者嘴含雪茄发着呆
人造水池边
一对年轻的异国女郎正说着悄悄话
在肯尼·基《回家》的旋律中
岁月和逍遥同时呈现
在新旧之间
慢慢地品味老上海的味道
和新上海的悠闲
最后来一杯星巴克的咖啡
今夜不眠

        2013年7月27日

二

何时起我竟成了你的常客
就这么一杯咖啡
就坐这么一小时多一点点
然后
从边门离开

何时起我竟迷恋上了
你水池边的桌椅
和边走边拍照的小青年

以及水池边嬉戏的小女孩
我还喜欢看
三三两两的外国人
从我的眼前走过

我知道总有一个情愫
在那里等着我
就在这小小的广场上
在她的空气里
只是我带不走

2014年5月13日

三

总想从你的静谧中
寻找记忆中的喧闹
却常被阳光沙滩那边的打击乐声
淹没了冥想

总想从你的入口处
寻找记忆中的挑夫
却常被眼前晃过的人流
挡住了视线

总想从你的咖啡香里
寻找记忆中的鱼腥味
却常被旁边飘来的雪茄烟味道
搅混了嗅觉

          2014年6月6日

我的祝福

自从有了你，我的女儿，我们就一直在盼望
盼着你快快长大，盼着你健康、平安、幸福、快乐
这盼望随着你一路走来从未间断
在盼望中你一天天地成长成熟
在盼望中我们渐渐老去

今天，我们心中最期盼的愿望
在这座金色大厅里实现了
你，我们的女儿，今天的新娘
你，我们的女婿，今天的新郎
今天，你们是这寒冷冬天里的一团火
温暖着父母的心房
也温暖了在座所有的亲朋好友
今天，我们纵有千言万语
也无法表达一个父亲一个母亲的祝福
因为，对我们而言
所有的祝福都是不够的

然而对你们，我们的新郎新娘来说
今天所有的祝福都是你们应得的
愿天下所有的祝福
都献给你们，献给我们的新郎新娘
请罗曼园金色大厅见证
请在座的亲朋好友见证
请外滩的美丽夜景见证
今天，所有的祝福都是美好而神圣的

我亲爱的女儿，你知道吗，在所有的祝福中
只有父母的祝福是带着依恋带着不舍
过了今晚，所有的祝福都将成为过去
过了今晚，新的盼望又将升起

我们还将在盼望中

迎接又一个大喜的日子

  2014年12月27日晚于罗曼园高级婚礼会馆南外滩馆

        祝运王楠婚礼

致我的小学同学

或许我们上次的相聚太短促太匆忙
少年的记忆才有了感觉
又仿佛被两个月的分别拉到了遥远
但愿今天的相见不会再猜猜我是谁
但愿今晚的聚会不会再问你是河滨还是洪福

时间如水,岁月留痕
少年的印象如同梦境般不真实
却又恍然在眼前
于是,那一种感慨
那一种喟叹
那一种无奈
分明是一首岁月如歌
写在我们的脸上
轻轻地道一声珍重
把今天的日子过好再过好
悄悄地道一声珍惜
把同学的情谊延长到老

努力找回童年的快乐
把未来的生活填得满满实实
幸福永远

啊,我的小学同学
如今我们相聚在一起
追忆童年时光
犹如品尝香醇的美酒
回味无穷

2015年1月31日晚
于海门路528号后厨私房菜203包间

注:河滨大楼作为上海市老建筑将永久保留,洪福里让位于地铁十号线天潼路站,已拆。

即兴 1

谁在黄昏的码头
盼着久别的人
谁在这艘要靠岸的船里
期待见一个人

这是一出故事的开始
还是一场爱情的结束

2015 年 2 月 2 日

即兴 2

谁把岁月挂到了墙上
谁把背影留给了那个喝茶的人

       2015 年 2 月 2 日

园林

当林搬进了园
林也就失去了野趣
但我还是往里走
不是因为林
而是看中了那个园
它将我和外边的世界
暂时分开
任我的心情在这林子里放行
把外边做的梦
暂且在这园里
圆一圆

2015年3月10日

致远方的女儿女婿

毛求,毛里求斯的简称
毛球,我女儿微信的昵称
一个是遥远的岛国
一个是近在咫尺的我的女儿女婿
是美景,是浪漫
将他们拉到了那边
从她飞走的那一刻起
我的心也随之飞起
飞向那边的天空
变身一只蝴蝶
跟着他们的身影
看他们在海滩上去疯去叫
然后疲惫地躺倒在沙滩上
看他们拥进太阳下
晒得皮肤赤红
任南太平洋的风
将他们吹得头疼
当然,更希望看他们

在烛光下

含情脉脉地对饮

一醉方休

看岛国的夜莺

在他们的身旁舞蹈

美妙的歌声

伴他们进入梦乡

2015 年 3 月 13 日

在裴多菲雕像前

一

一个偶然的机会
在这公园边门的必经之路
我遇见了你
就像遇见一个坚守岗位的哨兵
无法躲过你的目光
在你的直视下
我不得不停下脚步
走近你，向你行个注目礼

我不明白，当初他们是出于什么考虑
将你安放在如此冷清的地方
是嫌你还不够冷清寂寞
还是怕你受到游客的惊扰
影响你的潜心创作
还指望你写出第九百首诗

如今,你的那首《自由与爱情》的诗
早已离开课本离开课堂
如今的人们以为获得了自由和爱情
不必用生命担保和守护
一些人在自由中任性甚至挥霍
自私成了自由的代名词
于是,他们也整天喊着"要自由"
结果天天影响着别人的自由

你二十六岁的生命
为让后人获得自由而呐喊战斗
我们为你树一座雕像
不仅仅是一种纪念
更是一种对自由的坚定捍卫
就像你那样
生命和爱情
两者皆可抛

二

这是公园的边门
一个很冷清的地方
我与你在此不期而遇

才知这里安放着你

一个年轻诗人的雕像

你的那首《自由与爱情》的诗

早已被赶出如今的学校课本

即使有人从你的雕像前走过

大概也不会投来

驻足的目光

在此我对你说声抱歉

并向你作个坦白

我已经拥有了生命

我已经拥有了爱情

但我不清楚

我是否拥有了自由

我们的社会是否拥有了自由

我只知道

如今的自由被滥用

自由与自私已分不清彼此

你若有知是否还愿意

生命和爱情

两者皆可抛

2015 年 3 月 17 日

注：雕像原立在鲁迅公园甜爱路边门，2019 年已移至南大门游人必经之路的显眼位置。

枫叶

一

看惯了绿

突然出现的红

分外耀眼

这红,自然的红

透着生命的红

不以鲜艳夺目

温和而低调

直入你的心里

暖暖的

只想拥抱一个梦

一个大地与海的梦

然后,等着其中一片叶子

悄然落下

看着它会落到

谁的肩上

二

我喜欢你的红
不温不火
就像成熟的爱情
幸福地走向婚礼
我愿意在你的阴影里
思考人生
规划下一段行程
我喜欢你
风雨中的从容
不动声色
我期待着有一片红叶
哪天落下
刚好落到我的书里
这一页的文字
恰好说着一段别离

2015 年 4 月 17 日

悼汪国真

我一直以为
你还年轻着
一如你的诗
始终透着纯真和温情
我怀疑你是否要
变换风格
与我们作另一个轨迹的交流
我知道,真正的诗人
总是在掏尽自己的生命
把血不断地灌进
诗句里
诗行里
你或许以为
你已经走进了我们的心里
无须停留
我心里明白
我们无法挽留
那就让我们在另一个轨迹

再见面
再交流

2015 年 4 月 27 日

沙漠

有时候
真想一直待在你的世界里
被太阳烤
被月亮照
被你三番五次地覆盖
让欲望干死
让烦恼蒸发
让财物掩埋
让所有的眼睛去见星星
只有我
和我的骆驼在这荒芜中
看着最后一滴水
滋润完我的嘴唇,然后
静静地等着埃及法老
把我带走

2015年5月13日

踏浪

海滩上望海
望到地平线
望到只剩海天一色
海滩上玩海
玩到海浪步步后退
玩到太阳慢慢沉入海里
在沙与浪之间
踏出个海一样的心情
当然，踏出海一样的境界
带回来更好

2015 年 5 月 18 日

石头

——有感于金字塔的石头

石头

这么多石头

团结一心

几千年固若金汤

几千年金口不开

几千年不变的冷漠

几千年不变的孤傲

凭什么让我亲近你

仅仅是到此一游

还是出于敬畏

都是

都不是

因为我还有个心结

这石头

为何独钟情于这沙漠

法老们

把千古之谜扔在了沙漠

渺渺微诗

却要让石头来回答

2015年6月8日

即兴 3

我躲进你的深邃里

感知世界的那头

感觉灵魂走出了躯体

在那头

我酣睡在千年的石像群中

等待盗墓者将我挖掘

看一看世人是否视我为宝

2015 年 7 月 29 日

这片田

一

我的爱是否在这里

是掩映在麦田里

还是站在哪枝麦穗尖上

风吹来了

你们随风而舞

你们的舞姿告诉我

爱是金黄的

只是来收割的不是我

我不过是个看客而已

二

你是农民眼里的丰收

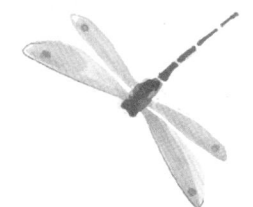

是城里人眼里的风景
同样吃着麦子长大
感情却不相同
当我说出我爱你的时候
麦子醉了
那条狗却死盯着我
此时我才明白
你已经有了守护神
你不属于我
你是月亮下的舞者
只等风吹来
随风而舞

三

你是个舞者
但你不愿与舞者为伍
你不喜欢舞台
更不屑于舞场
你属于自然色
你只听从风的呼唤
那风来自北方
那风很浓很烈

你喜欢这种味道
你闻风而起
你随风而舞

四

这广阔的麦田啊
应该孕育同样广阔的胸怀
是什么让我眼里充满着憧憬
心里却是一个狭小的自我
哦，舞者，风来了
请你随风而舞吧
让我在你的舞蹈中
来一场灵魂的洗礼
然后让风把我带走
当我再来的时候
我就是风
你将随我而舞
我的风是金色的
你的舞姿也是金色的
从此，你将不再依赖
你的守护神
你是个真正的舞者

你属于这泥土
你的芬芳将喂饱
所有的饥饿

五

成熟了
丰满了
风停了
舞者歇了
那边乌云送来
点点细雨
淡淡迷雾
那是送客的信号
那片金黄要卸妆了
我该走了

六

我走了
我该走了

我不过是个过客而已
你的守护神正领着
收割的人
从田埂上过来了
连梦都要做不成了
风停了
舞者歇了
天边那片乌云
送来点点细雨淡淡迷雾
那是送客的信号
好吧，走吧
那片金黄要卸妆了

2015 年 9 月 23 日

感谢秋天

一

我问秋天

冬天是否追着跟来了

她说追来又如何

不是后面还跟着春天吗

我有些无奈

秋天不解我的心

她又怎么知道

我的春天已经被夏天带走

很难会有下一次

而眼前的秋天属于我

我希望她待的时间长些再长些

让生命的收获能以丰收的名义

体面收场

我还得抓紧这美好时光

把人生的旅途与世界联系起来

让自己尽可能走得更远更远
秋天终将过去
而我的秋天会保留很长时间
只要我愿意
只要我努力
即使冬天追来
我也坦然

二

昨晚风很紧
昨夜雨很急
急匆匆赶路的样子
是冬天追来了
还是秋天要急着离开了

三

你用第一枚落叶告诉我
你的季节来了
一场场风雨后

你用满地的落叶告诉我

你的季节浓了

此刻，我抬头望树

有两片枯叶不愿离开

我对你说

能陪你走向苍凉吗

守着你掉光所有的叶子

等着你送我到冬季

你微微摇头

吻了一下西去的晚霞

对我说

走你的路

你的路在这森林深处

没有归途

但愿严寒不会阻止你

若我们有幸再见

一定是不一样的你我

四

我并没有留恋

你的高枝

我只是在盼着我的归期

盼着一封写着

归字的信

信里把我的归期

作了交待

作了安排

然后,我们双双而落

踏上我们的归途

五

一片叶子

看出一片心情

只要不落下

大树就是它的天堂

即便哪天掉下了

天使会把它接住

六

细雨中

你要离我而去

拐角处

你把背影留给我

没有说

归还是不归

我知道

一场细雨

总会有一则故事

等着我去读

2015 年 10 月 8 日

渺渺微诗

今夜

一

夜还未降临

我已经知道

今夜,还是一夜无语

即使我愿意用一夜的守候交换

你的手

依然不会从北方伸来

唇间的血痕

盼着南方的雨季

滋润双唇

更想抽去手套

想拉住你北方的手

当黑夜离去

我希望在晨光中

端起一碗拉面

想起沙漠里的那盏孤灯

后悔当初

没有摸一摸它

二

这里没人

这里只有灯与灯的对话

它们的语言

只有星星听懂,听懂了

却从不声张

或许星星明白

任何的声张

都会惹人类生气

他们一生气

就会灭掉所有的灯

三

此刻,让我想一想

我该守着这盏孤灯

遥望远处的灯海

还是隐藏在灯海里
暗恋这盏孤灯
我不知道,我的选择
是否会让星星们开口
让所有的灯
相安无事

四

今晚,我不在诗里
在半个月亮里
看着魔都的灯火
将我衬得更黑更暗
把星河也赶到了更远
只听见一个外公
问他的外孙女
"囡囡,天上还有半个月亮哪里去了"
"被美国吃掉了"
这毫不迟疑的回答
出自一位幼儿园女童之口
真叫童言无忌啊
不知月亮听到了没有
不知美国的月亮

此时是圆还是缺

但愿小女孩

在今晚的梦里

找回那半个月亮

五

我行走在夜色中

我不会停步

我要把灯火走灭

让黑夜更像黑夜

让月亮和星星主宰夜晚

让人们都回到自己的家里

让家人更像家人

相聚一堂亲热无比

没有灯红酒绿

没有光怪陆离

黑夜就是睡觉的时光

睡觉的时光

天地都应该是安静的

晚安,黑夜中的所有生灵

2015 年 10 月 21 日

树根与墙

一

不是我胡纠乱缠
实在是我爱得不能自拔

二

是根缠上了墙
还是墙抓住了根
是生死之恋
还是世代相仇
谁能告诉我

三

根说：若不是我缠绕你
你早就倒了
墙说：若不是我抓紧你
你早就散了
根有根的理由
墙有墙的道理
谁来评说

2015 年 11 月 24 日

雨中

一

一场雨
一场无言的结局
一把伞
尽在不言中

二

伞遮得了雨
却遮不了沮丧

三

或许这城市不会流泪
老天爷替我们把这事做了

2015 年 11 月 22 日

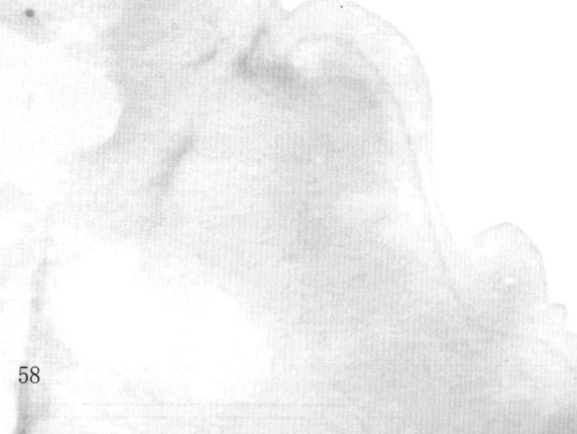

新年,一首小诗

今天

我躲开

一只小虫

和大路中的一只轮胎

我的双脚

向城区的河边飞跑

星星们向我扑来

拦住我的去路

要我跪下许个愿

但是,我却伸出一巴掌

拍死了小虫

刹那间

时光立刻为我打开了一扇门

门外是 2016

我再举起双手

搬开大路中的轮胎

眨眼间

一辆新车停在跟前

我还获得一把通往新年的钥匙
只是我不敢开启这扇门
我要等新年的钟声响起
等着数最后的倒计时

        2015 年 12 月 31 日

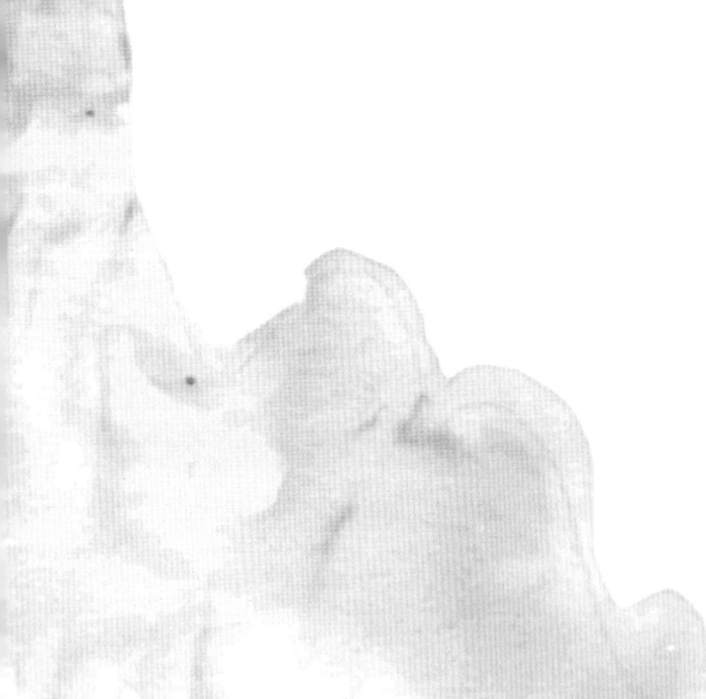

 2016年

18时44分07秒冬至

今天,就这个点

我把自己点燃

变成一团火

把所有的郁气烧尽

不求重生,但求重新开始

今天,就这个点

我把自己速冻

变成一块冰

把所有的欲望冷藏

不求复生,但求世事平安

今天,就这个点

我把自己点燃又速冻

速冻又点燃

一杯劲酒热遍全身

"阳气今从地底回"

2016年12月21日

八月某日，沈阳市的傍晚时分

——一张发自沈阳落日的照片

落日，我闻到了烧糊的味道

云也被你烤熟

无处冷藏

蓝天也有点招架不住

正节节败退

整座城市都已准备好了把白天送走

谁来赴这东北大沈阳的晚宴

不一定都有大鱼大虾

但一定有大碗的肉大碗的酒

够你饱够你醉够你搂着东北女人

像个东北爷们

2016年8月25日

不哭的孩子

——一张叙利亚男孩被炮弹击中房屋受伤流血的照片

今天，你上了世界头条
今天，你震撼了全世界
今天，里约奥运会也不敢骄傲
孩子，你是一个孩子啊
你的不哭却让世界为之流泪
世界那么大，强人那么多
却让一个孩子承受罪恶的重量
世界怎么啦人类怎么啦
你连一个孩子都保护不了
不哭的孩子不是坚强，而是世界的悲哀
他用不哭来蔑视你们这些伪善者
他用不哭来控诉你们这些罪恶者
不哭的孩子流着血
他知道泪水止不住血

2016年8月19日星期五

成熟

——一张稻穗特写照片

一

成熟了,也老了
还未陶醉,却将落败
谁知道一生的向往
实现之时
却是谢幕的开始

二

熟了,短暂的辉煌
若不抢收
命如野草
一生的理想

渺渺微诗

实现时才知
没了自己

2016年9月26日星期一

垂柳

我想说
你的美丽恰在此时
想念你
不是你的妩媚
而是你把最好的身段
呈现给了我
感谢你如约而至
让我坠落你的网中
一如这美好的春光
让我欲罢不能

2016 年 3 月 25 日

丰收前的稻田

一

这个季节
金黄是我们祖国大地的颜色
从南到北
从东到西
成片成片
一片连一片
大地用她的金黄馈赠炎黄子孙
辛苦了
我中华大地上的儿女们

二

你们把秋天扛在肩上

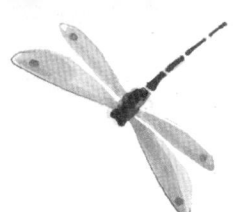

即使把你们压得直不起腰来
也要把沉甸甸的秋色
从山里扛到山外

       2016 年 9 月 29 日

归

一

一些情绪

注定要掀起波浪

大海能证明的

浪涛都已说了无数遍

每一遍都轰轰烈烈

不信就没打动过你们一分一毫

情归何处

叫大海怎么回答

如果浪花的亲吻还不能

让你们重归于好

那么请等着吧,你们将

承受一波波海浪的捶打和洗礼

或重头再来

或归葬大海

二

多么平静啊
难得的平静
爱情圆满地归来了
大海承诺过
只要双双归来
迎接你们的将是浪花的亲吻

三

曾经走过的路
脚印都留在路边树木的记忆里
哪天重走这条路
树木一定第一眼认出你
看着你从这头走到那头
再从那头走回这头
一路都小心翼翼
生怕踩着那些散落一地的枯叶
如同彼此约定的底线
不敢触碰,彼此守护

四

树叶与根

依恋和缠绵

根向往树叶的天空

泥土不同意

那份挣扎,根忍着多少痛

树叶爱慕根的泥土

天空不同意

那份思念,树叶熬到了枯黄

叶落归根

其实已经是无可挽回

这最后的一幕

原来是献给尘世的绝唱

悲壮

2016 年 12 月 30 日

火星

——"好奇"号探测器发回的三张火星地表照片

一

终于看到天外有天
终于看到原始的蛮荒
终于可以设想
从这里重启人类的生活
一切都不是地球的样子
进入这个星球的地球人
必须经过思想的安检扫描
任何的假恶丑携带者都将遣返地球

二

这是一次有去无回的旅程

很好,你不是厌倦地球了吗
你的抱负也让地球越来越承载不起
那好,那边的一切都是洪荒的样子
那就带着你的抱负一去不返
你的抱负一旦落地
相信亚当与夏娃的故事
将会有一个最终最真的版本
至于上帝在哪个山头上班
相信你也会给地球人一个交待

　　　　　　三

石头、沙漠
原始的洪荒都这么冰冷吗
生命在哪里
太阳的光芒是否冷暖有度
我到你这里来
我的家园能否建得起来
一旦立足
我还是原来的那个地球人吗

2016年9月14日星期三下班前

即兴 4

我相信,我终有飞扬的那天
同时,也会有一头栽倒在地的那天
但不管怎么样
我都愿意服从命运的安排

2016 年 8 月 12 日星期五

即兴 5

北方的红霞
请你快递送过来
我等着你
装饰我江南的夕阳

       2016 年 8 月 15 日星期一

即兴 6

深夜,在飞机俯冲的刹那
我感觉自己是一只冲向灯海的鸟
生死不明

2016 年 9 月 3 日

即兴 7

天蓝水蓝
一身正装迎你这个新娘
哦,水边的枫树
一身红艳的你
是否认了这门亲事
要不,你怎么会探出大半个身子
似乎正在期待你的新郎

2016 年 9 月 14 日晚

即兴 8

我在等一只小鸟飞抵窗前
为了等它,都不敢坐这把靠窗的椅子
我的想法异常固执
再美的景色
没有小鸟光顾
总有我们的错在里面

2016 年 9 月 27 日

即兴 9

水中的枫叶说
没有洗不去的红尘
枝上的杏叶说
没有断不了的思念
只有树沉默不语
大概根不让它说

2016 年 10 月 28 日

即兴 10

自以为自己在自由的空气里
自以为自己看到了风景
却一直不知道自己
早被铁链条锁定了位置

2016 年 11 月 10 日

即兴 11

我抬头仰望
没看见小鸟在树枝间停留
我低头凝视
期待宇宙尘埃落在我的脚尖上

        2016 年 12 月 12 日

今天下了一天的雨

雨天
一个做宅男的理由
捧一本久违的书
里面正写着雨
好像第一次
身和心都留在了屋里
愿今天
我能把书中的雨与窗外的雨
拉到一起
听一听它们各自怎么说
我倒要听一听
它们下雨的理由
能让我在屋里待多久

2016年10月22日

空着的椅子

冷风里
我等着你
等着一个希望
你来了
我就温暖

          2016年1月12日

这份心情真的久违

白云,羊脂一样的白云

我多想与你接吻

你却从我的头上飘过

扔下一句"你够不着"

我又多想把你接住

你却萌萌地回头一笑

扔下一句"你好痴心"

这份心情真的久违了

2016年8月9日

那片稻田

——施兄发自沈阳的照片

有一种底色
叫满眼金黄
黄得彻底
黄得丰满
黄得挑不出一点杂色
因为太满了
它们不得不接受
被收割的命运

2016 年 10 月 12 日

那双眼睛

昨晚在哪里
我忘记了
只记得那双眼睛
一直在说话
今晚在哪里
我又忘了
还是那双眼睛
在说个不停
她所有的话里面
我好像仅记住一句话
忘记是对的
记住是愚蠢的

2016 年 11 月 5 日

那天，云是忧郁的

——奥地利小镇人家

那天，云是忧郁的
一道木栅栏
无声地说着拒绝
门外的我
同样无声地接受
自由和尊重
其实并不遥远
只需 12 个小时

2016 年 8 月 5 日

你的短发

今天不冷

听说这是你的缘故

听说还惊动了秋天

他特地与冬天打招呼

叫他今天慢些走

这一切全是因为你理了短发

露出了细细白白的脖子

这才知道秋天有多风骚

他想独享你的脖子

独赏你的短发

变成他眼中长长的风情

但今天真的不冷

你的短发看上去很美

你的脖子看上去很白

2016 年 12 月 1 日

盼大雪压境

现在,就此时此刻
我最盼望来一场大雪
一场真正的大雪
铺天盖地
且带着狂野
它不顾一切地向我们扑来
一点都不计后果
让这城市里的人在惊惶中祈祷
让所有的雾霾一扫而光
让白雪占领我们的城市一星期
在这一星期里
让冬天更像冬天
让友情亲情爱情各归其所
回到所有需要人的心中
让天真快乐还给儿童
让汽车都待在车库里车位上
让所有的人都出门到大街上去
让扫雪的尽情扫雪

让结伴而行的相伴而行
让白雪挂满枝头
只留下一串串灯笼
高挂房前屋后
红红火火

2016年1月5日22点

夜色里的涂鸦

——有感于甜爱路上的墙壁涂鸦

一

总有一些情愫

被遗落街头

被淹没在人来人往中

总有一些压抑

无人读懂

无人理会

突然有一天

它们爬上了墙

让这一切都明明白白地

说出来

舞起来

二

这是我的前夜
我突然想胡言乱语
且不希望让人听懂
就这样我可以说整整一晚
而不会遭人恶意搜索

三

这是过去的少年
朴素、纯真，有些调皮
但很乖很听话
时常也帮着大人烧个饭炒个菜
馋急了还会冲碗酱油汤
喝它个碗底清
他们的身影活跃在
那时的大街小巷和弄堂
常常是披着一个豁口的衣裤
溜回家
如今，这个少年被赶到了墙上

夜幕下,只等某个老顽童

陪他来聊一聊

那过去的故事

四

我记得我的年轻

我怀念我的年轻

我要回到我的年轻

哪怕把我涂抹在墙上

只要夜里有月亮

只要星星愿意落在屋顶

只要有一位同龄的兄弟

在我的面前稍作停留看我一眼

只要所有经过我的男女老少

年轻快乐健康阳光

只要和平安宁永驻人间

我愿意把年轻交出来

永不反悔

五

我们少时的故事
涂抹到了墙上
不会再惊扰左邻右舍
我们作无言的交流
把那时未完的故事
继续下去
马路依旧
路灯依旧
只是太亮了
我们的身后不见了影子
没了忐忑不安
没了偷偷摸摸的紧张
就这点没劲

2016年1月20日

雨夹雪

给我烫一壶女儿红
给我上一碟红辣椒
再给我烧一锅羊肉汤
然后在我的茶几上
放两只瓷器的碟子
一盆装雨
一盆装雪
我要把辣椒放进雨里
而要把羊肉放进雪中
至于女儿红
我则将它献给老天爷
给我一个痛快
要么在雨中淋漓
要么在雪中淹没

2016年1月21日

雾

一

你来得正是时候
恰好蒙住我血红的眼睛
我的眼睛
真的好累

二

都看不清了
你才让我刮目相看

三

前方本无可看
现在看不清了
心里倒想好好看一看了

四

散不去的雾
去不了的心结

五

看不清
真好
省心

六

你蒙住我的眼睛
但没有欺骗我的意思

2016 年 1 月 28 日

祈祷

今晚,谁持烛灯
陪伴黑夜里的守护人
今晚,谁捧百合
安慰黑夜里的不幸人
我无法言语
因为我不能分担
今晚依然下雨
就像昨晚一样
出了地铁站迎面一场雨
吃了饭出来还是一场雨
我无法言语
我无法阻挡雨的忧伤
今晚我除了祈祷
只有用一夜的不眠
守候一个好消息的传来
它将是吉祥和安康

2016 年 1 月 29 日

长廊

一

今天的日子
我依然故我
远远地静观喧嚣
不躲不避
眼里在享受
心里却走过悠长的廊道
到达那边的极乐
不狂不闹
却翻江倒海
那是深深的爱
无缝的默契

二

我想通过你
抵达我的理想园
只是我有些诚惶诚恐
如何才能走过你的金碧辉煌
才不会让我陷入
深深的不安

三

在你这里
一些话从心里涌出
因为知道你在倾听
相信你会把我的心声
传递到另一头
一个心爱的人
一个知心的人
而你们两边的守护神
则会保佑我
目送我走向那一头

不用怀疑
你们的忠诚和厚道

四

时间没了
这或许跟引力波有关
我们纠结在时间里
原来都在原地打转
下一步我们要想好了
忘了时间
只记住年轮
一圈一圈地爬行
没有终点
只有轮回

五

走了那么多日子
还是没有走到你的门
你是黑洞吗

是无尽的黑暗

那我应该是另一个黑洞

期待有一块巨石

从宇宙中飞来

那阵阵涟漪波及而来

黑洞没了

我将走向你

你的门敞开着

我会最终走进你

只是我不敢肯定

你是否相信

那个正在走向你的人

其实就是我

2016年2月12日

一个女孩的远方

——致 15 岁的留英女孩商华丽莎

一

这里是英伦

一个养育牛津和剑桥的国度

这里是大不列颠

一个诞生莎士比亚和拜伦的故乡

这里是东方人眼里的远方

此刻，你，一个东方小女孩就站在这里

你站在远方国度的旷野里

你无惧远方袭来的海风

你的前方是永远在延伸的地平线

你面向大海，向天空伸展双臂

向苍穹向大海向天边呐喊

二

哦，我是东方之少女
我要在远方的蓝天白云下飞翔
感觉我的眼睛变成了星辰
心里是远方
眼里是远方
我在远方飞翔
渴望飞得更高
我身上裹着故乡的翅膀
我体内装着父母的马达
我在远方飞翔
我飞过树林
树林成了我的姐姐
姐姐给了我一座小木屋
我在小木屋里编织我的童话
我飞过草地
草地成了我的妹妹
妹妹给了我一身绿斗篷
我披着绿斗篷前行
亲人是我的双脚
我迈着亲人的双脚踏在异乡的路上
一路行进

从早到晚

我在飞翔

思念是空中的白云

我在云里穿越

翅膀沉重而深情

亲人是我夜晚的床铺

三

哦,我是东方之少女

我提前飞出了鸟巢

我的翅膀沉重而深情

我一路行进

从早到晚

这异乡的秋天又苦又香

我感觉王冠在我头顶加冕

我的远方是黑暗的尽头

远方的太阳与故乡的太阳一样温暖

亲人是我身体里的马达

我要做远方的忠诚的女儿

与所有以梦想为伴的少年一样

我不得不把青春写在远方的天空里

我的远方永远是秋天

我的青春将在秋天里成熟

我将带着成熟的青春回到亲人们中间

到那时,我的心在故乡

充实而感恩

我的双脚已经属于远方

踏实而坚定

远方的我永远是东方之少女

父母眼里的骄傲

一生荣耀

一生幸福

2016 年 2 月 17 日

我站在

我站在窗下
想站出一串陈年旧事
有你有我有她
一段未完的捉迷藏
迷失在夜的角落里

我站在灯下
想站成一座爱的雕像
在即将倒塌的废墟里
唯我不倒
天天呼唤你的归来

2016 年 2 月 25 日

渺渺微诗

阴天

如果你不老
怎么会在阴天里关节疼
如果你不忧郁
怎么会在大雾里无故纠结
老了,方知头上的天
是你生命里的债主
时不时提醒你还债

2016年3月7日

一条铁轨

有一条铁轨

从天边伸向天边

它不承载列车

只承载一个孤魂

它的前方除了远方

还是远方

漫长而黑暗

那是海子

他把躯体留在了铁轨

灵魂却沿着铁轨走向远方

走进懂他的人的中间

海子,你的天堂不远

离我们很近

很近的

只要我们愿意

每天可以与你交流

吟诗

作诗

2016年4月6日

天堂鸟

一

哦,你站在树梢
你是天堂的使者
你不受春天的差遣
你只关注我们的困惑
你一旦发声
我们就将在震颤中
苏醒
振奋

二

看到了吗
这就是爱的境界

听到了吗

这就是爱的音乐

尽善尽美

在她们面前

我们除了羡慕和赞美

唯有静静地

想一想

三

我好想融入你们之中

即使让我变成一只鸟

我也愿意随你们

浪迹天涯

四

我想你的时候

你其实只在我的相册里

一个如画的你

一个甜美的你

只存在于我的相册里

你说这是底线

但我感觉

这分明是一种拒绝

拒我于树林之外

绝我于触摸之限

哦,可爱的鸟儿

你果真在天堂吗

但我分明感觉你就在我眼前

就像现在这样子

静静地只等高明的摄影师

将你一举捕捉

五

哦,多么潇洒

多么优美

这爱的姿势

这是天赐之爱

只在梦里

六

此时此刻，我坦白
我特想你
想你成了我的常态
我不敢想象
一旦拥有你
我们会发生什么
那还是想吧
想念比拥有更持久

七

时刻注意你的人
一定是个有心人
很在意你的人
一定是个心里有爱的人
你不管是远是近
他都能看到你
因为你始终在他眼里心里
哦，可爱的鸟儿

你名副其实
你就来自天堂

八

想好的言词
总在你轻轻的低语下
止步于喉咙
在你面前
我总没有借口
说出我的情话
这个字
其实说出来并不容易
哦,可爱的鸟儿
我要怎么做
你才肯落到我的手掌上
只是让我轻轻一吻

九

一见到你

脑子里的空白
瞬间被你填满
你的色彩
就是我脑海的色彩
你的快乐
就是我身心的快乐
即使你飞离了我的视线
你的身影已留在我的心里
写一首短诗
便让你重新与我同行

十

我是城市的人
猜不出你在林中的心思
你忙忙碌碌地飞来飞去
我只想捕捉你树梢上歇息的瞬间
哦，可爱的鸟儿
你何时才能让我长长地
看着你
直到发呆
直到出神

十一

一翻开你的诗集

便是你的第 89 页的"鸟"

是那样地单刀直入

直呼你是天空的语言

你只出现在森林里

你的语言

应该也只有森林能听懂

当你打开话匣子的时候

为什么偏偏是我

把你当成了音乐

当你在树枝间跳来跳去的时候

为什么偏偏还是我

把你当成了天使

哦,可爱的鸟儿

你的出现让我迷失

迷失在你的语言里

迷失在你的声音里

而你显然对此视而不见

注:《西川的诗》第 89 页"鸟"。

十二

为什么翻开你

总是先翻到那一页

那一页有你的鸟

你的鸟粘着泥巴

负伤而孤独

但这不是我心目中的鸟

我的鸟来自天堂

她是阳光的使者

是树林里的天使

只是你,我的诗人

你无意中猜到了我的心思

我已找不出比你的鸟儿

更恰当的替身

替我去接近我的天堂鸟

替我去博取她的同情

替我去做我想对她做的那些好事

只是那最美的事

得由我亲自做

2016 年 4 月 13 日

树上的云

这温柔的一吻
我苦等了一个冬季
心的开放
原来那么容易
只需轻轻一吻
那份惊喜
便爬上我的眉梢

        2016 年 4 月 15 日

又想起了海子

我还是不信

一条铁轨会把一位诗人

送往天国

我真的不信

一条不懂诗的铁轨

诗人何以要说服它

在铁轨周围

至今没找到一片纸

是你没留下

还是留下了被风吹走了

但我猜测

你还是告诉了铁轨

只是我们还没有找到

解读的方法

2016年5月24日

湿漉漉

湿漉漉的天气
湿漉漉的心情
湿漉漉的路上踏出一路
湿漉漉的脚印
回到家
这湿漉漉的脚印
留在电梯里
蹭在脚垫上
但湿漉漉的伞
还是作为家庭的一分子
请进了屋子
只是晚饭轮不到它
它被晾在一边
自个儿滴尽湿漉漉的水渍
等着下一个湿漉漉的天气
再湿漉漉地回家

2016年5月26日

四行诗

1. 空白

像此刻的大风
瞬间而起
我坐在四壁里
向孤独致敬

2. 咖啡

黑夜里
我守着咖啡
随时准备与星星
长谈且彻夜

3. 水乡

这个早晨
满船的河虾河鱼
欲把我拉进水里
陪它们玩一玩

4. 雨雾中

雨雾中
铁轨也患上了忧郁
逢人就说
不想上班了

2016 年 5 月 27 日

云之吻

一

我的心思
被你无意中猜对了
时间停滞了
你有这个能力
但你的微笑像幼儿园的孩子
转眼就变了

二

你拍了我一下
是那种轻轻的
我懂了
从你的微笑里

我看出
我的错并不严重

三

我坐在山岗上
在日出和日落时分
等待那千年一遇的幽会
你的唇和她的唇
涂满爱的口红
那轻轻一碰的瞬间
天空灿烂了
草原欢呼了
而我则喜极而泣

四

只有你
能让我踮起脚
吃力地成长
无数个日出或日落时分

没人知道

我是怎样把梦交给了你

而你却把我的梦揉成了云朵

抛向了天空和大海

所有的梦

不是碎了就是醒了

我的脚仍然踮着

但我再也长不高了

五

一次邂逅

一生守候

从此只在梦乡里

2016 年 6 月 7 日

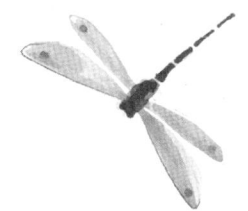

欧洲杯

黑夜里的酒杯
是一双熬红的眼睛
熬红的眼睛
要把天网撕开
让星星撒落人间
在绿色中翻滚
在呼啸中冲刺
熬红的眼睛
浸在酒杯里
一直看到太阳升起
眼睛出血

2016 年 6 月 12 日

我怀念一种旧

一

我怀念一种旧

怀念那份沉淀到底的孤独

细细碎碎

有时像沙砾一样

硌一下我的脚心

我怀念,因为我的眼里

已经没有了新

二

我怀念一种旧

怀念一条想不起路名的街

怀念一群想不起名字的玩伴

怀念一栋想不起门牌号的小洋楼

我的怀念就是一种遗忘

因为遗忘才想重新拾起

2016年8月2日

老房子

当人都散去
故事也一同散去
只是人去了不再回来
故事散去了却被人拣回来
招来了看客
一批又一批
指指点点

2016 年 8 月 2 日晚

午后小憩

只想背对窗外
只想半掩着玻璃门
让阳光在门外等候
让风先进来陪我坐一会儿
如果与风的谈话很愉快
我会亲手拉开窗帘
让阳光进屋
然后,我会泡一壶上好的龙井茶
准备与阳光作一次长谈
推心置腹

2016年9月11日

渺渺微诗

又见枫叶

一

秋浓了
枫叶红了
蓝天醉了
云儿笑了
一汪湖水羞了
以为红叶要嫁了
傻傻地等着她变成
一个鲜艳的新娘

二

又见枫红了
又见你鲜艳的模样

又见你俏皮地探出身子
要与远处的我打招呼
哦，去年的红叶还在心里
让我想一想，是否还有地方
收藏你

2016 年 9 月 12 日

秋叶

一

这是不是今秋的第一枚落叶
我想我没有那么荣幸那么多福分
但我敢肯定这是我见过的
最有尊严的一枚落叶
她落下的那一刻我不曾见证
但亲眼看见了她的孤傲和潇洒
看着她躺在碧绿的青草上
宣示她最早与秋天握手
而你们这些小草还在夏天里打盹
我无从知道这枚落叶何时与下一枚落叶交接
但我敢说这将是一场落叶的狂欢狂舞

二

一叶知秋

为什么偏偏是落叶

还有刮得很急的风

还有走得很快的云

为什么没人读出秋

哦,因为只有你选择

悄悄地坠落

而且你不哭

却让我们哭了

只有你会选择一个大风袭来的阴天

与你的伙伴们随风起舞

以此向大地告别

2016 年 10 月 10 日

溪水中的枫叶

你最终还是选择了溪水
我期待多年的愿望还是落空
你没有落到我的肩上
我不知道是风从中作梗
还是你嫌我的肩膀扛不住你的梦想
哦,现在我知道了
你这是告别秋天前的洗礼
你想干干净净地离开尘世
你不愿将尘埃沾染我的身体
哦,你这是高抬我了
你让我在你的母树面前无地自容
哦,你这落入溪水里的枫叶啊
你让我真的好留恋你
水中的你冷吗
水中的你会漂向何方
水中的你可曾看过我一眼

2016年10月23日

银杏叶黄了

银杏叶黄了
它不是麦子的那种黄
它是一种骨子里透出的黄
哪怕落地后也生生的黄
即使风把它吹进了墙角不见天日
即使雨把它打湿抬不起头来
它就是不肯变色
孤傲到必须把它消灭
看不到它的黄

2016 年 10 月 26 日

零点,在浦东国际机场

黑夜

睁大眼睛才明白

夜有多黑

这个点

只有灯火清楚

人是唯一敢折腾夜的动物

人不眠

夜不敢黑

       2016 年 10 月 31 日

晚归的路上

晚归的路上
夕阳不曾挽留过我们
你我匆匆的脚步
只在乎地铁的时刻表
不愿归心被红灯拦在路口
我顾不上天边的灿烂
我只在意夕阳中的你
一路平安　如小鸟
快乐归巢

2016 年 11 月 6 日

天变

一夜的风,一夜的雨
打落多少树上的叶子
一地的枯黄,一地的狼藉
多少思念流落街头
多少忧伤无处躲藏

2016年11月8日

一张空椅子

这里曾经待过思想
如萤火虫般飞舞
留下了星星般的微光
这里也曾坐过孤独
性别和年龄无从查考
但这把椅子记录下了他们的体温
证明他们并不冷漠
这里当然躺过醉汉

尽管没人陪伴

但夜风会帮他清醒

一旦醒来他便原谅了所有人

我曾经也在这里坐过

却体会了一场落空

视线模糊在小道的尽头

露水湿了一头

黑发变成白发

倘若椅子能开口

我真想听一听

它会说出多少当初的真相

       2016年11月14日

雨，不停地下

我知道你不会罢休
你矫情的时候就是不住地流泪
你流泪本是你的私事
你却殃及无辜
置我们于忧郁之中
淋湿我们的城市也罢了
非要打湿我们的心
让我们一次次带着潮湿的心情
行走在湿漉漉的街道

2016 年 11 月 17 日

思归 1

一个归字五笔

一颗归心谁写得清

写一个归字易

得一颗归心难

归途有多远

只有归心知道

若不属于你

哪怕近在咫尺

她依然远在天边

哦，那就让我得一个归字吧

写在手心里

永远在心上

2016 年 11 月 24 日

银杏树下

哦,回答我
你这是秋天献给冬天的礼物
还是冬天给秋天的见面礼
哦,告诉我
你的长发何时变成了短发
又怎么由墨绿变成了金黄
哦,我能取一根你的头发吗
变成我诗集里的一枚书签
哦,你不会回答我
你的拒绝永远是微笑
微笑里全是调皮

2016 年 12 月 1 日

雪

一

总把骄横
发泄到本已委屈的土地上
以为铺满一层厚厚的白
就可以得到土地的安宁
殊不知,土地已经被你
窒息得说不出话来了

二

如果这雪
能把这土地染白
让这世界清纯得不再肮脏
那么就让这雪永远不要

苏醒
消融

三

总想把那个字写在雪上
一笔
一画
写满十笔,然后就离开
再然后,看着这个"爱"字
是被雪掩埋了
还是被你加上一个"归"字
一笔
一画
刚好五笔

四

雪啊,鹅毛般的大雪
一夜间积满大地
像数不完的存款

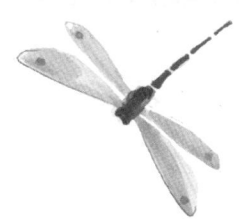

任大地挥霍

只是春天一来,一天内没收

2016 年 12 月 16 日

我想见证

我在寻找一棵树
一棵孤零零的树
我想见证并非只有人才寂寞

我在寻找一只鸟
一只孤单单的鸟
我想见证并非只有人才孤独

我在寻找一条河
一条流向大海的河
我想见证有没有冲不走的
寂寞和孤独

2016年12月28日

 2017年

时间的诗·远方

想了很久
很久很久又是什么
从自然的原色中寻找,据说
几乎所有的思想、情绪
都能从中找到它的色彩
你我都有一个属于自己的色彩
但我们没有找,因为
我们不愿面对,我们
宁愿在时间里迷路、消失
很久很久又能怎样

2017 年 1 月 3 日

时间的诗 · 框

沿着梦的线条

爬行或徒步，遇水而止

左拐或右拐，寻着光亮而去

从一个梦到另一个梦

一个久居城市的人

被梦牵着一辈子

就是迁不动自己的身体

他的身体不属于他的梦

他困在他的房子里

眼睛也成了四边形

他的世界就是一个框

2017年1月4日

即兴 12

顾城诗曰:
"生命是闪耀的此刻
不是过程"
我好像感悟到了什么
并为这心灵的契合而暗暗吃惊

2017 年 1 月 6 日

时间的诗·脸

生没有理由,就如同

太阳的升起落下没有理由

但活着的每一天

都在为 N 个理由而折腾

一张没有理由的脸

在大地和时间里糅合和变形

并在它们之间选择归宿

生没有理由,但死一定有个说法

就看上帝怎么说

2017 年 1 月 6 日

即兴 13

一条古巷
让岁月留步
不指望时光倒流
只想在这青石板上
踏出一条前世的路

2017 年 1 月 10 日

时间的诗·眸

这是个吉祥的数字

2017 年 1 月 17 日

它明明白白地写在日历上

掐指一算

一百年才出现一次

你站在古老的钟楼上

想告诉我一百年前我的前世

又指着十字路口的那家星巴克

希望听我诉说我的今生

然后你又拍着我的肩膀

要我预测一下一百年后我的后世

我纳闷的是，我一直看不到你的眼睛

你把你的眼睛隐藏起来，我相信

一定有你的隐情和理由

我等着你的答案

2017 年 1 月 17 日

飞起来

一

大地太硬

大地太坎坷

我们都梦想天空

羡慕飞翔的姿势

这只飞鸟没有名字

但它有语言

很丰富的语言

它的语言只有天空听懂

天空为它让出了一条路

这条路通向天堂

二

这一飞
你从严寒飞进了早春
二月,或冷或热
就像个会"作"的女人
情人节的礼物飞进她的心里
飞鸟啊,你就是那哄女人开心的暖男
这一哄,哄绿了江南
哄开了春天的门扉,也哄暖了
一颗蠢蠢欲动的心

三

我渴望一次腾飞
一次没有准备没有计划的腾飞
这一飞就如火箭般冲出大气层
然后坠落—坠落—坠落
穿过地壳直达地核
决不做那飞鸟
既不属于天空

也不属于大地
而我就要做个纯粹彻底
要么是天上的仙
要么是地下的鬼
从此与大地没有瓜葛

2017年2月16日

早春二月

一

俏皮的你
我被你哄了逗了一个月
今天可否正经点,告诉我
我身上的厚衣该卸了吗
我想抱你了

二

冬天醒了
一睁眼春天便把它吻了

2017 年 3 月 1 日

北方来信

一

这就是你写的信
写了好长时间
写得好用心好辛苦
其实,用几句话怎么说得清
这北方情怀和脾气南方人不会懂
无论你怎样端详,都猜不透
这北方的三月要开出怎样的条件
才能把江南的妻子接回北方的家

二

温暖在哪里?那份渴望
总是被冰封且时间好长

我看到挣扎的力量在破封而出
你的雪白掩饰不了大地的落寞
我还要等多久？才能迎来江南的三月
江南已经如春了

三

一切都已明了
一切都会过去
一个冬季的等待终于有了眉目
快乐和痛苦与生俱来
江南的三月即将迎来清明
快乐将驱散北方最后的积雪
哦，我心中的北方已站在春天的岸边
痛苦不再令我害怕，我已准备好了
作最后的一搏

2017年3月27日

即兴 14

人生就是一堆资料
你我就住在这某几页纸张里
而翻看查阅的不是你我
甚至永远也不会有人查阅
它就是一堆废纸
直到变成干垃圾

2017 年 4 月 11 日

草原来信

一

把都市抛到身后越远越好
这里就是灵魂的栖息地
蓝天是母亲敞开的胸怀
白云是母亲的姐妹
她们都张开双臂
拥抱你这江南的女子
敢于把大都市抛下的女子哦
可否愿意把心留下

二

向往辽阔、天地一色
只想融化其间,或一只蝴蝶一匹马

直到有一天，星星也认识了我
过往的白云把我的故事随风传遍
我或许就成了草原的一分子
不管是蝴蝶还是马

三

我钟情于你的青色，比绿深沉
我喜欢你阳光下的一览无余
从天边走向天边，牛羊马为伴
我目睹着生命从远古走向未来

四

你给了我启发，在生命到达尽头之前
只要遇上你，从天边绿到天边
生命或许能出现转机
那红顶的小屋里将孕育一个来世的生命
我相信，只要足够的虔诚
一定看得见天堂的门开了

2017 年 8 月 16 日

即兴 15

走进童话里
把童真找回来
把人生停在这里
不走了，不走了

2017 年 5 月 4 日

即兴 16

黄色的皮肤
让人想到被烤焦的麦田
散不去的焦灼
写在满街上:
"抢、抢、抢
快、快、快"
霍金也急了:
"地球还有一百年"

2017 年 5 月 12 日

烛光

——悼念22日曼彻斯特恐袭案死难者

用一支烛光
点亮黑夜
因为黑夜不懂人间有悲情
微微一点烛火
燃烧的是整个胸膛
当悲何止是悲
当痛何止是痛
勇敢和坚强便到达了高潮
人类从未在灾难中中断
正义从未在邪恶前低头
我们不怕
我们不怕
小小一支烛火
连成一片就是火海
黑夜将为之敞亮
邪恶将无处躲藏
善良和美好必将拥抱世界

2017年5月26日

落日·思归

一

想了一天
那一抹念想
还是满脸通红地爬上了天际
那份害羞
所有人都看到了
只有你轻松如云
若无其事
独独冷了思归的心
前行的车轮
融入霞光里
一颗爱心天地明白
只有彩云视而不见

二

乘在一朵白云上
看着你一路回家
看着你沐浴在夕阳的霞光里
看着你走进家门
回家的路是幸福的路
那红彤彤的夕阳
属于幸福的人儿

三

每当这时刻
音乐从耳边响起
你迈着舞步走进夕阳里
身后留下一长串你的影子
千姿百态
连白云也羡慕了
趁着余晖偷偷地舞蹈
这舞姿没人看懂
但落日全笑纳了

四

如果时间可以定格
那么这夕阳也可以留下
让爱在夕阳里生辉更持久
让夜幕永远在天边等候

2017 年 6 月 18 日

伏天

一

我把太阳扛在了肩上
但我并没有因此而火起来

二

这些天太阳肯定疯了
竟逼着我们天天陪它跳热舞

2017 年 7 月 12 日

思归 2

思念一旦化为了血

整个人都变成了思念

这是一种每分每秒的思念

她除了思念还是思念

为这思念而活

也愿为这思念而死

这与肉体无关,因为她超越了肉体

她是至上的感情,她是灵魂本身

这是上帝赐予的感情

只有上帝有权把她收回

2017年7月12日

晚归的云

一定是地面上走累了
走到天上去了
天上很宽敞还有风
但你喜欢地上的树和舞者
树很够朋友且从不骗你
舞者是你的爱人
只是不曾见你们手拉手
你似乎很满足看她的背影走远
你总是说,她的背影就是舞
越看越美

2017年7月20日

暮色

一

披一头秀发
是秀给白天的恩爱
还是羞于面对的黑夜
这一幕,云全看见了
但她不说,因为
她想独享白天和黑夜

二

其实每天的告别都是绝唱
所以挥手的姿势一定要优美
我很在乎这一刻
你若抬头看我一眼

我便在你的一眸中轻轻地
离去
消失

三

如果白天是大海
那么现在,我这是靠岸了吗
请问,你的岸在哪里
是黑暗的左边还是右边
何时才是我确切的靠岸时间
是暮色渐浓时
还是蓝色的街灯亮时
天上的云朵是否会给出答案
但我看不懂云图
即使她好言好语
我还是一脸茫然

四

一个眼神

在天边等候
一头秀发
披在云的后面
一颗归心
在轮下辗转

五

当我可以直视你的时候
我已经在黑暗里了

六

这是回家的颜色
在你到家之前
它一直罩着你

2017年8月8日

白

一

把时光泡进壶里
或浓或淡
慢慢地品味
把凡人琐事一一装盘
或甜或苦
细细地咀嚼
然后,把人生搬上三轮车
或重或轻
默默地离开

2017 年 9 月 4 日

二

属于我的风

没有如约而来

原先的承诺

却被你的风带到楼顶

我就在你近旁

但我触摸不到你

所有的解释

都被我的风藏到了高楼后面

而你的风却带着嘲讽

在这楼顶上逍遥

我只感到一阵秋凉

催我回家

2017 年 9 月 6 日

秋分

当你把白天和黑夜平分的时候
我早就错过了你划定的中轴线
而我醒悟过来的时候
你正用一阵阵急雨猛敲我的窗户
那已经是后半夜了,你敲醒了我夏天的梦
如果我的心再虔诚一些
我想我会站在你那根中轴线上
将会第一次看着黑与白不分谁强谁弱谁多谁少
将第一次可以不为站队而苦恼
只是当你一阵阵急雨不依不饶地敲到天明
我似乎有点明白,即使这仅存的一线公平
也很难做到人人满意

2017 年 9 月 24 日

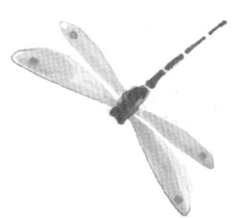

夏夜

一

夜色里我以赤裸之躯寻找坦诚
微风却以轻轻的耳语告诉我够了

二

把自己浸泡在夜色里
让星星点评我的成色

三

你独自一人坐在夜色里

路过的人把你当成了夜色

四

夜里的人，心不在夜里
他们还在想着白天的事

五

太阳不愿把自己交给黑夜
月亮和星星只好在天边等着
即使到了夜里它们也不敢久留
所以夏夜很短

六

我追着你西去
你回头一笑
竟羞红了半个天空

今晚的夜色
一定带着醉意
但愿不会跌进河里

七

夜色蒙住了我的眼睛
我却用它来寻找爱情

八

我把自己关进黑暗里
期待一双星星般的眼睛
黎明前站在我的床前

九

黑夜里,我的眼睛睡了
心却找到了星星叹息

十

今晚,风找到了我
那悄悄话在我耳边断断续续
听不清但能感受得到它的诚意

十一

今晚我幸运地捉到风了
她原来走得那么慢那么轻
我手一伸,她就贴着我的耳朵
把心里话全告诉我了

十二

你推开秋天的门扉
身体却待在夏天的院里
是想留住这段时光
还是想守住这份夜色

十三

今晚我将枕着白云睡觉
因为我已经分明感觉到
那种洁白又温柔的单纯
或许不会陪我很久

十四

今夜,水路通明
谁愿意试一试
顺水而上,去敲一敲天国的门
是神仙下凡
还是凡人上天
今夜是窗口期
水路通明,过时不候

十五

总以为大风大雨会把你赶走
总以为我已经与秋意握手了
你会远远地为我们祝福
谁想你已经不是原来的你
你显然被我宠坏了,在我的赞美诗里
享受着从未有过的荣幸
这几天的翻天覆地
原来不是你离别的哭泣和泪水
而是表达你的不离和不弃
你又回来了,没了原先的热烈
却多了一份妩媚,恰似初次见面
让人忘了你这几天的肆意
又忘情地把你抱进了诗里

2017 年 9 月 26 日

心中的枫叶

一

我不贪图成片的红
我只要一枚遗落的叶子
只要她够鲜红
刚好装进我的心里

二

秋雨的夜里
我看不见你的眼睛
雨打湿了我的心
血染红了你的叶
在风里你是爱
落地你是归

三

雨淋湿了我的心
却染红了你的叶子
在风里你是爱恋
落地上你是思念
而我则是风雨中等你的人
一年又一年等白了头
却等来你风中的摇曳
等来你地上的缥缈
等来你每一回的明年再来
明年再来
你依然是新枝新叶鲜嫩的红
而我则如你的母树
又多了一圈年轮

四

喜欢的色彩
希望全世界都是
但我丝毫不存这种臆想

我还是喜欢遗落的那枚
如果她愿意归顺我
世界就足够美好

五

你的高雅
即使藏在百花园里
懂你的人也能一眼认出
即使你低调地躲在杂树丛中
爱你的人依然能找到你

六

你把爱留在了峭壁上
只能欣赏无法拥有

七

若不是心里装满了你
天空绝不会被你的颜色涂满

2017年10月22日

秋夜

一

月亮很圆很近
一切都如你所愿的样子
没有遗憾
只有一点点无奈

二

微冷的风里
夏季瞬间被遗忘
而你的灯火依然迷幻
季节的温度不会令你变色
因为你很清楚
人离不开色彩

三

缓缓地洒几滴雨
态度很和蔼
但还是分明感觉
一股冷意袭来
紧闭的窗户
假惺惺的灯火
只有匆匆的行色
不惧变天

四

以为把白天早早地赶走
白云就属于你了
要不是人间的灯火把你照亮
白云怎么会搭乘你的红眼航班

2017 年 11 月 9 日

暮色·空椅

一

我凝视你
就像凝视一段影子
我坐在影子里
坐等暮色将我淹没
身体很轻,声音很微
椅子催我离开
它说:下一位

二

冬天,夜色也是冷冰冰的
再好的心情也得裹紧了衣领
它担不起阴冷与无聊

而记忆很怪
常常欺负一颗平静的心

三

向谁诉说
一颗善良的心
何以会陷入一望无边的绝望
善良自杀了
自私却在一旁谈笑风生

四

落叶无声
谁又会怀疑它的缠绵
当它一片片落在你的周围
你的时光已经被它带走
一寸寸消失在风雨里
一分分融化在泥土里
落叶无声
空椅无声

它们很默契

2017年11月22日

世界之外

一

冬夜,白雪守望着温暖
温暖用通明的灯火问候着白雪
而我则希望用一颗温暖的心
与这白雪世界冰释前嫌

二

我们的生命
从黑暗走向黑暗
中间的光亮
只是一道短暂的光线
这恰是我们一辈子的光阴

三

我停下来
想留住晚秋的步伐
在一棵棵树下
想接住秋意的飘落
让时光永远留在秋色里
我停下来
想走进你的依恋里
并愿意把你的赠言写进志书中
然后我贴近你,与你一起
定格在风景里

2017 年 11 月 27 日

2018年

生日（57岁）

这一天，一个年轮结束

新一个年轮开始

这一天，不管你是否愿意是否准备

注定是生命的更替，义无反顾

这一天，灵魂最脆弱

恶魔虎视眈眈要来入侵

生命也跟着出来昭示

这个点是人生的驿站没有回程

这一天，亲人是你生命中的保护神

蛋糕便是驱魔的祝福

吹灭蜡烛

点亮生命的心灯

让心愿在新一个年轮里

好运相伴，开花结果

这一天，仅仅这一天

将让你刻骨铭心

人生如梦，人生苦短

亲人才是你生命中的大树

渺渺微诗

永远的依靠

2018年1月17日

雪来过了

雪停了,雪花留下了
留下来做一次魔都的稀客,不走了
认真地陪这里的大人孩子们玩一场
玩到将自己融化在快乐里
玩到没了自己,却在
无数人的相册里鲜活着

被魔都接纳的白雪
也跟着魔都的气质
优雅而乖巧
慢慢行走
慢慢品味
慢慢把自己变成了风景

2018 年 1 月 26 日晚

蓝色的夜晚

今晚,我与你走进黑夜
没有恐惧,只有温暖
世界还没到末日的时候
我们还有时间让光明照亮每个地方
哪怕只剩一天的时间
我们也要把光明进行到底
看,黑夜在我们的执着下
跳起了蓝色的舞蹈

2018 年 1 月 23 日

黎明

我相信这个时间我在梦乡里
但我多么希望这个时候
白雪已铺满我窗外的世界
在我的梦乡里
雪花正在轻吻我的脸颊
其中的一朵恰巧停在我耳边
她对我悄悄地私语
早点起床
雪地上的第一个脚印
我留给你
希望你穿一双新鞋
别弄脏了我的洁白

2018 年 1 月 24 日晚

血月

恋爱了一百五十二年
还是不能相拥和相吻
即使被逼涨红了脸
也难掩相隔的无奈
一百五十二年
才等来今晚的一场对视
如果恋爱能够保持不变
再过一百五十二年
这样的恋爱便是永恒
这样的恋爱谁敢担当
唯天地之间
凡人不懂

2018年1月31日晚

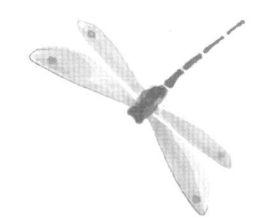

火星上的落日

——有感于"好奇"号发回的火星照片

这一片灰白、茫茫和荒芜
敢问是生命诞生的前奏
还是生命毁灭后的死寂
但太阳照样光临
它不会放弃它辖内的所有行星
我没看见它升起的模样
但眼前的落日景象还是让我发现
太阳也渴望生命
它只有面对生命的时候
才会霞光万道
不知它这副惨白的表情
是对火星的失望
还是对它未来的期待
是否应该相信
有阳光照射的地方
生命一定值得期待

2018年2月4日

过年

一

一个年字
让人不禁想停下来
停下来接受生命的洗涤
将心里身上的尘埃
扫进树丛中泥土里
无人知晓
再企盼第一场春雨
悄悄地把自己送别
没有归途

二

一个年字

总愿意把心交出来

放到天空里

任它飞舞由它飘扬

放到风景里

看它快乐看它潇洒

而我更愿意跪拜中国红

为自己祈祷

为亲人祝福

2018 年 2 月 9 日

夜色中的小舟

一支烛光
一叶小舟
不在乎天水茫茫
只要那盏心灯
能照亮生命的航程
寂静又何妨
孤独就是前行的力量
当太阳升起
小舟便是霞光里的风景
这边独好

2018 年 2 月 10 日

今天,一首小诗

今天
太阳来助兴了
一脸灿烂
让爱的温度转眼如春
情意浓浓

今天
一束阳光早早叩开你的窗门
催你早早地出门,提醒你
花市里的玫瑰花满含露珠
正等着爱的初吻
今天
属于有爱和相爱的人
而我只想与我的妻子
边小酌边唠嗑
过一个温馨的小年夜

2018 年 2 月 14 日

祝福

今晚我要点亮心灯
投入红红火火的灯海
与大红灯笼会合
共度难忘今宵
今晚我的祝福写满空气
所有的人都能闻到祝福的气息
他们互相传递心中的祝福
祝福是所有中国人的心声
今晚我们全体一起祝福
她是一股善良和正义的力量
我们将依靠这股力量
让我们的国家更加美好
让我们的世界和平安宁

2018年2月15日

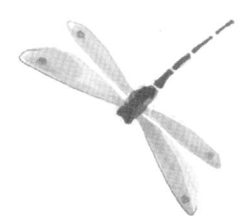

紫色的夜

把眼睛睁大
魔都的夜色需要看清
昨晚是红色
今晚便呈你以紫色
你可懂她的心思

渺渺微诗

伸出你的手
你是否想触摸她的脸
你是否想透过这一扇扇铁框架
去看今晚紫色的舞蹈
千姿百态

2018年2月23日

三月,我希望

三月,我希望春天斯斯文文地走来

吹些风带些雨

但一定要和风细雨

让阳光挂在所有孩子的脸上

让他们的笑容成为我们城市的风景

三月,我希望寒冷干净地离开

让善良如阳光一样照进每户每家

让宽容把所有的芥蒂解开并开出花来

让春风抚摸拥抱所有的人

所有的人都应该幸福和快乐

2018年3月2日

今夜元宵

十五天的筵席

今夜终于到了起座离席的时间

这一刻我们不说告别

只要碗里的汤圆

把月圆的情意送到唇边

咽进你我的心里

这一刻我们不说再见

只愿下一个元宵

碗里的汤圆依然甜在嘴里咽进心里

这一刻我们起座离席

明天有好多事在等着我们

为了一个元宵汤圆更圆更满

我们必须用一年的努力换取

2018 年 3 月 2 日元宵节

三月,我要与春天约会

三月,春天掀开了她的面纱
露出了她那腼腆害羞的脸
哦,她激起了我恋爱的感觉
我要与她约会

三月,春天是个调皮的姑娘
她那多情善变的表情令我着迷
哦,她激起了我恋爱的感觉
我要与她约会

三月,春天是个执着的情人
她的轻轻一吻便教大地春暖花开
哦,她激起了我恋爱的感觉
我要与她约会

三月,我要与春天约会
我渴望她的怜悯和抚摸
我渴望她的亲吻和拥抱

渺渺微诗

哦,我将在她的热爱中获得新生

2018 年 3 月 7 日

问海

你可以把无数的烦恼扔向大海
而不必为此羞愧和抱歉
大海的胸怀足以宽容整个世界
何况你这小小的烦恼
你可以把所有的问题抛向大海
而不必为此难为情
大海的智慧深不可测无边无际
何况你这小小的问题

哦，你所有的烦恼和问题
大海只需用一朵浪花一个涛声
即会让你心胸开阔并茅塞顿开
哦，去问大海吧
带着你的爱人和亲人
大海愿意全天候地奉陪
无论什么季节什么天气
无论白昼还是黑夜

2018 年 3 月 11 日

今天属于霍金

今天,全世界都应该把时间交给霍金

我们每个人都应该把时间捐给霍金

这是送他去宇宙的时间

他太需要时间

请相信,等他到了宇宙

他一定会把时间还给我们而且加倍

然后,我们要用他还给我们的时间加倍前行

去宇宙寻找我们的第二个居住星球

这个愿望一旦实现

今天所有给他的时间都值得

走好,霍金,今天的时间属于你

2018 年 3 月 14 日

早安

那份心安随晨曦涌起
一声早安便脱口而出
原来这一声简单的问候
来自内心来自天边的晴好
早安,我的兄弟
让我们喝一壶茶
聊一聊男人心中的大事
早安,我的姐妹
请你停下双手
穿上你喜欢的衣服
让我拉着你的手走一走湖边的绿荫
早安,我的孩子
请离开你桌上的作业
让我陪你去踢一场足球
不出汗绝不回家
早安,我们的地球
至于你我没有什么奢望
除了祈祷还是祈祷

2018年3月18日

春天的早晨

如果春天是真诚的
那她的早晨应该是温柔的
一抹朝霞一声鸟语一阵花香
唤醒沉睡之梦
唤起疲惫之躯
给人们一个晴朗的天空
让这一天的人生不再乏味
如果春天是真诚的
那她的早晨应该是体贴的
人沐浴在她的晨光里
任轻风拂面细雨润脸
一享人世间的美丽与善良
让这一天的人生不再迷惘

2018 年 3 月 23 日

短

春天把我揽进怀里
仅拍了一下
就把我交给夏天了

2013年3月26日

春夜

酝酿了一个白天

荷尔蒙借着夜色溜到了街上

它把它的气息弥漫在空气里

夜为之而动容

它愿意敞开它的胸怀

让所有喜欢它的人

今夜不眠

2018 年 3 月 28 日

渺渺微诗

深夜·无题

我愿意是夜的河流
驮着不眠与夜色作别

2018 年 3 月 30 日

即兴 17

趁着夜色降临
我要酝酿我的痛苦
我要用它来折磨空荡荡的头颅

2018 年 4 月 3 日

今夜,我不想你

今夜,夜色迷惑了我的双眼

我的人生深陷夜的十字路口

今夜我分不清东南西北

今夜你也不在我脑海里

总之,今夜我不想你

你已经被迷人的夜色赶出了我的视线

今夜,我属于迷惑属于迷乱

今夜,我是夜色的俘虏

我将在夜色中沉沦

如果你不伸出援手

我还将在夜色中死亡

我不想你,但你不能对我弃之不顾啊

2018年4月6日

清明

台阶、围墙

一生的通道

往上是天堂

往下是地狱

一生的跋涉

天堂无语地狱无语

只有台阶记得你的脚印

只有围墙记着你的名字

台阶、围墙

一生的通道

天堂、地狱

一生的结局

而此刻,我只想歇一歇

把时间交给思念

唯思念能抵达天堂

我思故我念

天堂无语　但懂

2018年4月5日

远山的呼唤

远山自然在远方
你只有离它远远的它才有魅力
那种遥远的距离
让你的每一步靠近
都是一种希望和失望的翻腾
恰似人的一生
一半在云雾之上
一半在云雾之下

渺渺微诗

被云雾遮住的是人的痴迷
你可以看得清远山
你可以走得了崎岖
但你就是走不出云雾
远山永远在远方
而"我"达不到

2018年4月10日

醒

我在我自己的风里
但告诉我的是这清水
这头是晃
那头也是晃
晃出一个新视野
在黑暗中觉悟
起来,窗外还是凌晨时分

2018 年 5 月 6 日

赤

乱云、浪谷
谁会是真理的一方
天之问地之惑
历来是乱弹一气
你知我知
原来都是无事生非
苦了无辜者
一切皆茫茫
唯谁独醒
天知地知

2018 年 5 月 10 日

隐

搁浅与停泊有什么分别
大雾都把地平线抹丢了
"不能前进"就是唯一的意义
任凭思想如何眺望远方
生命的船只服从眼前的安生
不要争论搁浅与停泊的是非
它们更与荣辱无关
搁浅,乃生命不能承受思想之重
停泊,是思想对生命的敬畏
让思想在迷雾里失联一会儿
让生命在浅滩上装睡一会儿
只有音乐和诗歌可以大行其道
与我们的灵魂共舞

2018年5月22日

珂

有些字一见到
就想找字典寻她的倩影
我想配得上这个字的女子
一定是位佳人
这可是块好玉哟
多想握在手心里体会她的温润
午后的阳光透过窗玻璃照进空调的房间
一点都不刺眼
此刻,我知道有一种缘分叫
见字如面

2018年5月23日

偶感 1

寂寞问无聊
你为什么老跟着我
无聊很委屈
明明是你赖上我的
充实在一旁笑了
瞧你们眼拙的

        2018 年 5 月 24 日下午

偶感 2

孤独问忧郁
你为什么要缠着我
忧郁很诧异
明明是你暗恋我
阳光在上面笑了
嗨,我就在你们身后

2018 年 5 月 24 日晚

倾城 1

这美人自英伦飞来
定格在我的相册里不走了
她要表达的所有言语
我得花几天的时间翻译
然后,我还得用诗
一句一句地呈现给大家

2018 年 5 月 27 日

倾城 2

今天我让你刷屏
让你红的部分更红
让你白的地方更白
红与白,一部小说的名字
你是喜欢夏斯特莱夫人
还是钟情于吕西安
那可是遥远的 19 世纪
那时还没有手机
但除了手机,你的一切都比那时耀眼
我很希望你摘下你的墨镜
如果你的眼神是忧郁的
我猜想,你可能来自法国南锡

2018 年 5 月 28 日

倾城 3

这份酷

配得上五月的伦敦

那一袭艳红、洁白与纯黑

集热烈、清纯、高雅于一身

这座城市太需要这份亮点和激情

这份酷

引来多少回头的眼神

这是装不出来的

血管里血不会骗人

伦敦愿意为此而发誓

这份酷

留在了一位东方男士的相机里

又传递到另一位东方男士的手机里

伦敦要是知道了,是否后悔

就这样放走了一朵三色玫瑰

2018年5月29日

总

我总把今天当周末
因为每个"今天"都让人感觉像周末
我感觉这日子,应该
一个星期一个星期地翻过去
最好一个月一个月地翻过去
直接翻到年终翻到新年
而我的真实想法是:让一切结果快点揭晓
最好连世界的末日也早点来临
直接看到人类的新纪元
然后再让我们一天一天地过
慢慢地过,最好不死

2018 年 5 月 30 日

暗 1

自从灯光代替了火把
黑夜就再也不见了火焰
没了火焰的黑夜
少了烟火气少了星星的闪烁
从此，黑夜很无聊

暗 2

总有些故事藏在黑夜里
总有些秘密躲在夜色中
或许星星看不见
或许灯光照不到
黑夜是黑夜的眼睛
它只用来看它自己

2018 年 6 月 10 日

灯塔

真想顺着你的脚尖
慢慢地往上爬
爬到顶端,我很想知道
你用什么拦着我
但我已经看到了希望
我停不下来了
那朵云正张开双唇
等我的吻

2018年6月14日

夏至 1

你的脸,终于
移动到我的额前
你衣领上那粒半扣着的纽扣
是否等了我一年
这光天化日之下
我仍然保持着冬至的矜持
但从现在起
白天会很长
我相信,我有足够的时间
等着你把这半粒纽扣
解开或扣上

2018 年 6 月 22 日

夏至 2

你的脸
映在了水里
而我就在水边
我知道
只需一颗小小的石子
便可让你的脸
变成一圈圈涟漪
但我不会离开水边
因为我要看到你的脸
你不走我也不走

2018 年 6 月 22 日

夏至 3

我相信

在这缤纷的世界里

缘与故事之间

一定有个邂逅

故事将会被淹没

缘会被留下

等待一个长长的假期

如蜜月一般

但更长

2018 年 6 月 25 日

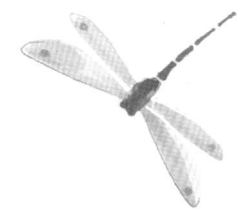

落日 1

劳累了一天
终于看清了你的脸
你腼腆又疲惫的脸
迟迟不愿回家
你把白天给了我们
自己却要回到黑夜
你与所有的楼宇说再见
这一刻,你那通红的脸
印在了天边
残阳如血

2018 年 6 月 27 日

落日 2

今天你一定是被激怒了

悲愤涂满了整个天空

是的,并非所有的白天都是平安

总有些懦夫和暴徒

要把罪恶的手砸向无辜的娇嫩的生命

今天你目睹了这一切

你更目睹了我们这些成年人的无能和无为

你愤怒而悲伤

你涨红着脸不愿离开现场

你在等待结果

你在等待回答

此刻,我与你感同身受

但我劝不了你

因为我承认,我也是个

无能而无为的人

2018年6月28日

在雨中 1

雨中听雨
人要在遮雨的地方
静静的
做一个很乖的邻家孩子
身上不能淋着一滴雨
只有耳朵
融入雨声里
听出自己的心在说着
丝丝心语
像弦乐响起
雨声变成了感动的声音

2018 年 6 月 30 日

夏天的风 1

夏天来了
就从你的背影开始
习习凉风吹来
一个夏季全是你的风
我在你的风里
飘然而过

2018 年 7 月 3 日

薰衣草

成片的浓艳
只为感动你的心
如果你的眼睛
愿意看一眼
白云也会为你高兴地
披一身蓝

2018 年 7 月 7 日

最后一天

总是在每段日子的最后一天

突然地着急和不安起来

面对渐渐散去的晚霞

心中不禁呼喊

别走，我的夕阳

把你今天最后的美好留在人间吧

要不，就带上我

翻过这幢高楼

我与你依然还是相处在白天

别走，我的夕阳

今天我什么都没做

我拿不出成绩面对今天的黑夜

这最后的一天

只剩下这最后的一抹光亮

我相信我还来得及

为这七月的最后一天

画上一个分号

2018 年 7 月 31 日

弹孔之墙

这里是四行仓库
这是面朝西面的墙
每天夕阳与它告别的时候
这墙上的弹孔弹洞就齐声呜咽
八百壮士的血和泪从这孔里洞内
向外流
从墙面流到了地面
墙啊,阻挡了一次次的进攻
却没能阻挡失败,虽败犹荣啊
他们又有谁会想到死后的光荣
墙啊,悲壮的墙
每天与夕阳告别的时候
都在说着同一种语言
永远保留这堵墙
哪天一雪前耻了
请用一朵朵鲜血般的红花
塞满所有的弹孔弹洞
面朝夕阳,永不凋谢

2018年8月6日

最后一片彩云

我遇见你的时候

你正与多伦路文化街道别

看得出你绯红的脸上

分明写着你一天的心情

还好，早晨我向所有人问了早安

或许这一点令你满意

你与我们所有人度过了平安的一天

你的脸就呈现这般绯红

我知道，这是我一天中最美好的一刻

之后你就将隐藏于黑暗

不留下片言只语

2018 年 8 月 9 日

立秋

夏天的生猛

令秋天望而却步

它站在那里

眼睁睁地看着夏天火消了

自己已经变成秋分了

2018 年 8 月 10 日

对话

隔着窗玻璃
我看见老场坊与音乐谷
正交换着眼神
这是温比亚台风提供的动力
借着风力把彼此的不爽
传递得明明白白
老场坊啊感叹自己跨不进现代
音乐谷啊惋惜自己丢了本真
于是他们借着这大雨
把彼此的泪水一起倾泻
没人看见
但还是在窗玻璃上流下串串泪珠
偏让我这个窗内茶客
无意中撞见
无辜分担了他们的忧伤

2018年8月17日

图书在版编目（CIP）数据

渺渺微诗 / 刘幼渺著. -- 上海：文汇出版社，2020.8

ISBN 978-7-5496-3273-2

Ⅰ.①渺… Ⅱ.①刘… Ⅲ.①诗集－中国－当代 Ⅳ.①I227

中国版本图书馆CIP数据核字(2020)第136085号

渺渺微诗

著　　者 / 刘幼渺
责任编辑 / 舒　磊
封面装帧 / 王　川

出版发行 / 文汇出版社
　　　　　　上海市威海路755号
　　　　　　（邮政编码200041）
经　　销 / 全国新华书店
印刷装订 / 上海双宁印刷有限公司
版　　次 / 2020年8月第1版
印　　次 / 2020年8月第1次印刷
开　　本 / 710×1000　1/16
字　　数 / 120千字
印　　张 / 17.5

ISBN 978-7-5496-3273-2
定　　价 / 58.00元